LA CUISINE
SICILIENNE
telle que la faisait
ma mère

D1424149

Christina Sergi

LA CUISINE
SICILIENNE
telle que la faisait
ma mère

LIBRE
EXPRESSION

Données de catalogage avant publication (Canada)

Sergi, Christina

La cuisine sicilienne telle que la faisait ma mère

ISBN 2-89111-331-4

1. Cuisine sicilienne. I. Titre.

TX723.S47 1988   641.5945'8   C87-096320-1

Maquette de la couverture: France Lafond

Photo de la couverture: Patrice Puiberneau

Illustrations intérieures: Peter Faucher

Photocomposition et mise en pages: Helvetigraf

Tous droits de traduction et d'adaptation réservés ;
toute reproduction d'un extrait quelconque de ce livre
par quelque procédé que ce soit, et notamment par photocopie
ou microfilm, strictement interdite sans l'autorisation
écrite de l'éditeur.

© Éditions Libre Expression, 1988

Dépôt légal :
1er trimestre 1988

ISBN 2-89111-331-4

Les recettes que voici sont celles
de ma mère. Je les ai écrites
pour mes enfants et
petits-enfants, afin qu'elles
puissent toujours demeurer
dans la famille.
À tous ceux et celles qui auront
la chance de déguster
des plats tels que ma mère
les faisait, je souhaite bonne
chance et bon appétit!

Catherine Sergi

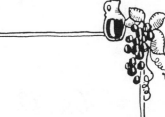

Table
des Matières

Les entrées

Les légumes

Les soupes

Plats Principaux
Les pâtes et les sauces

L'agneau

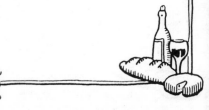

de veau

Les marinades

de pain

Les brunches

Les desserts

Introduction

De plus en plus, nous, les Nord-Américains, agrémentons notre cuisine de recettes provenant de l'Italie.

Originaire de ce pays, notre famille s'installa au Canada au début du siècle. Tout en adoptant un nouveau mode de vie, elle conserva certaines coutumes culinaires de l'Italie.

Par ce livre, nous voulons partager une tradition gastronomique transmise de mère en fille et divulguée par notre grand-mère, afin de vous faire découvrir et savourer des plats inspirés de la cuisine de la Sicile, petite île située au sud de l'Italie.

Cette cuisine de souche européenne peut se présenter facilement à notre table aujourd'hui, étant donné la variété des produits maintenant disponibles sur le marché.

La simplicité et la variété de composition de nos plats vous permettront de préparer des menus rapides ou élaborés, selon votre mode de vie.

Si vous êtes attiré par la cuisine maison à tous les niveaux de préparation, nous offrons des recettes de pâtes et de pains tout à fait spéciales ainsi que des viandes apprêtées comme les braciola di manzo et les scaloppini.

Nous espérons que nos recettes vous permettront de découvrir le cachet très particulier de la cuisine sicilienne.

Bon appétit!

Les entrées

Les entrées

Les entrées que nous proposons peuvent précéder tout genre de repas de viande ou de pâtes. On les sert dans une petite assiette, sur une feuille de laitue.

Les zucchini, piments verts et aubergine ainsi que l'aubergine marinée peuvent tout autant être servis comme légumes pour accompagner un plat de viande que comme entrée.

La salade de pois chiches et la salade bocconcini sont délicieuses et commodes à servir lors d'un brunch ou d'un buffet froid.

La salade italienne, contrairement à la salade de pois chiches et à la salade bocconcini, se sert comme légume pour accompagner un repas.

Parfois, avec un menu élaboré, on sert d'abord l'entrée, le repas puis la salade italienne avec divers fromages avant de servir le dessert.

Salade italienne

(Insalata italiana)

laitue romaine
1 tomate
2 endives
4 échalotes
persil italien
1 gousse d'ail
1/2 c. à thé de fenouil
une pincée de basilic
sel, poivre
3 c. à soupe d'huile d'olive
1 c. à soupe de vinaigre de vin

Laver la laitue romaine, égoutter puis couper et la mettre dans un bol à salade. Couper la tomate, les endives, les échalotes, le persil et l'ail. Verser dans la salade puis ajouter les épices.

Mélanger l'huile d'olive avec le vinaigre de vin. Verser dans la salade. Brasser avant de servir.

Salade de pois chiches
(Insalata di cece)

Cette salade se sert avant un repas ou pour accompagner un buffet de viandes froides et fromages.

Si on prévoit à l'avance faire une salade de pois chiches, on peut utiliser les pois séchés, que l'on doit faire tremper durant 8 heures. Par contre, les pois chiches vendus en conserve sont très pratiques pour une cuisine rapide et improvisée.

1 boîte de pois chiches (20 oz, 567 g)
1 oignon
1 gousse d'ail
1 tomate
2 morceaux de piment doux mariné et tranché
1 pincée d'origan
persil (quantité au goût)
5 c. à table d'huile d'olive
sel, poivre

Verser les pois chiches égouttés dans un grand bol. Couper l'oignon et l'ail finement et mélanger aux pois. Couper la tomate et les tranches de piment en cubes et ajouter au mélange.

Saupoudrer le tout d'une pincée d'origan, de persil, de sel et de poivre. Verser l'huile d'olive peu avant de servir et bien mélanger.

Servir avec du pain croûté.

Note: On peut rendre cette entrée plus consistante en y ajoutant des morceaux de fromage provolone ou mozzarella.

6 personnes

Salade bocconcini

(Insalata bocconcini)

Les bocconcini sont de petites boules de fromage mozzarella frais, très périssables, qui doivent être consommées dans les trois jours.

C'est un fromage tendre et absolument délicieux*.

Simple à préparer, la salade bocconcini se sert avant le repas, comme entrée.

4 bocconcini
2 tomates
1 gousse d'ail
huile d'olive (quantité au goût)
persil (quantité au goût)
1 pincée de basilic
sel, poivre

Trancher les bocconcini et les tomates. Les disposer dans une grande assiette en alternant bocconcini et tomates.

Couper finement la gousse d'ail et l'étendre sur les bocconcini et les tomates.

Verser de l'huile d'olive sur les tomates et le fromage.

Ajouter ensuite du persil frais, du basilic, du sel et du poivre.

Laisser imbiber le tout durant une heure à la température de la pièce avant de servir.

6 personnes

---

* Les bocconcini se vendent surtout dans des boutiques spécialisées en produits italiens.

Entrée italienne

(Antipasto)

1 branche de céleri
½ tasse de carottes
¼ de chou-fleur
½ lb (225 g) de champignons
½ tasse d'olives farcies
3 gousses d'ail
3 échalotes
pincée d'origan
pincée de basilic
4 branches de persil
sel, poivre
1 c. à soupe d'huile d'olive
1 c. à soupe de vinaigre ou de vin blanc
2 boîtes de thon égouttées

Couper tous les légumes en petits morceaux. Mettre les légumes dans un grand bol. Ajouter l'origan, le basilic, le persil, le sel et le poivre. Verser l'huile d'olive et le vinaigre ou le vin blanc. Mélanger.

Ajouter le thon et bien brasser.

Prêt à servir.

6 personnes

Artichauts farcis

(Carciofi ripieni)

¹/₂ tasse de mie de pain
¹/₂ tasse de fromage romano râpé
2 gousses d'ail
persil (quantité au goût)
sel, poivre
6 artichauts frais
huile d'olive
¹/₂ tasse d'eau

Mélanger la mie de pain avec le fromage romano. Couper l'ail et le persil et ajouter au mélange. Bien brasser en ajoutant sel et poivre. Mettre de côté.

Bien nettoyer les artichauts. Couper la queue et l'extrémité de chaque feuille. Pour nettoyer l'intérieur, on place l'artichaut à l'envers sur la table et on le presse pour enlever la mousse qui se trouve au fond. Mettre 1 c. à soupe d'huile d'olive au fond de l'artichaut.

Mettre la farce à l'intérieur des feuilles d'artichaut. Une fois farcis, déposer les artichauts dans une casserole et les arroser d'huile d'olive. Ajouter ¹/₂ tasse d'eau. Couvrir et cuire à feu moyen jusqu'à ce qu'il soit facile d'arracher une feuille d'artichaut.

6 personnes

Champignons farcis

(Funghi ripieni)

1 lb (450 g) de gros champignons
2 tasses de mie de pain
¼ de tasse de romano râpé
persil (quantité au goût)
3 gousses d'ail
sel, poivre (quantité au goût)
4 c. à thé d'huile d'olive

Bien nettoyer les champignons. Enlever les queues et couper en petits morceaux. Mettre de côté.

Mélanger la mie de pain, le fromage, le persil, l'ail, le sel, le poivre et l'huile d'olive. Ajouter les queues de champignon coupées et bien intégrer au mélange. Remplir les champignons. Les disposer dans une lèchefrite et cuire à 350°F (175°C) pendant 30 minutes.

4 personnes

Tomates farcies
(Pomodori ripieni)

6 grosses tomates
³/₄ de tasse de romano
1 tasse de mie de pain
1 gousse d'ail
sel, poivre
¹/₂ tasse de persil
7 c. à thé d'huile d'olive

Laver les tomates et trancher la surface. Extraire l'intérieur de la tomate et mettre de côté.

Déposer les tomates dans un plat allant au four. Mélanger le romano, la mie de pain avec l'intérieur des tomates coupées en petits morceaux. Ajouter l'ail finement coupé et écrasé, le sel, le poivre et le persil haché. Bien mélanger.

Verser au fond de chaque tomate 1 c. à thé d'huile d'olive. Farcir les tomates avec le mélange. Sur la surface des tomates, verser un peu de mie de pain et romano, 1 petite feuille de persil ainsi qu'une c. à thé d'huile d'olive.

Mettre au four pendant environ 30 minutes à 350°F (175°C). Sortir du four lorsque les tomates sont brunies à la surface.

Servir sur une grande feuille de laitue.

6 personnes

Aubergine marinée

(Melanzana marinata)

1 aubergine
1 c. à soupe d'huile d'olive
1 c. à soupe de vinaigre
sel, poivre
origan
2 ou 3 gousses d'ail
persil

Piquer l'aubergine en divers endroits et la mettre au four à 275°F (135°C) jusqu'à ce qu'elle devienne molle (environ 30 minutes). Lorsqu'elle est tendre, la fendre en deux et la faire égoutter en la mettant à l'envers.

Hacher l'intérieur de l'aubergine finement et mettre dans un bol. Ajouter l'huile d'olive et le vinaigre avec une pincée de sel, de poivre et d'origan. Couper l'ail finement et l'ajouter au mélange avec du persil frais.

Faire refroidir au réfrigérateur avant de servir.

Cette entrée se sert sur une feuille de laitue avec du pain croûté.

6 personnes

Endives et cœurs d'artichaut

(Indive e cuore di carciofo)

3 endives
2 pots de cœurs d'artichaut marinés de 170 ml.
½ c. à thé de vinaigre de vin
8 olives noires

Dans chaque assiette d'entrée, disposer les feuilles d'endive de façon décorative puis ajouter des cœurs d'artichaut. Garder la marinade des artichauts et mélanger au vinaigre de vin. Verser la marinade sur les endives et artichauts. Ajouter les olives noires. Prêt à servir.

4 à 6 personnes

Les légumes

Les légumes

Les légumes apprêtés complètent harmonieusement certains plats de viande tels que les rôtis, les côtelettes de porc ou les escalopes de veau.

Si vous ne voulez pas manger de viande, vous pouvez choisir notre ratatouille et vermicelles ou encore choisir un de nos plats de légumes et l'accompagner de linguine à l'ail. Ce sont de petits plats faciles à préparer et qui sont absolument délicieux.

Épinards à l'huile d'olive

(Spinace con olio)

1 sac d'épinards de 10 oz (285 g)
1 gousse d'ail
3 c. à table d'huile d'olive
pincée de sel
pincée de piment sec fort en grain

    Laver les épinards. Faire bouillir à feu élevé durant une dizaine de minutes. Égoutter. Déposer les épinards dans un bol et ajouter l'ail finement coupé, l'huile d'olive, le sel et le piment en grain. Bien mélanger. Prêt à servir.

Épinards au parmesan

(Spinaci al parmigiano)

1 lb (450 g) d'épinards
1/2 c. à thé d'origan
1/4 de c. à thé de muscade
sel, poivre
3 c. à table de fromage parmesan râpé
3 c. à thé d'huile d'olive

Bien nettoyer les épinards. Les faire bouillir. Égoutter et mettre dans un plat de service. Saupoudrer des épices, du fromage et de l'huile d'olive. Brasser avant de servir.

Délicieux avec du pain à l'ail.

4 à 6 personnes

Poireaux au parmesan
(Porri al parmigiano)

8 poireaux
1 c. à thé de sel
¹/₄ de tasse de beurre fondu
fromage parmesan

Laver et couper les poireaux. Faire bouillir avec du sel. Égoutter.

Faire frire les poireaux dans le beurre. Une fois dorés, disposer dans un plat de service et parsemer de fromage. Prêt à servir.

Brocolis gratinés

(Broccoli crostate)

un paquet de brocolis
2 tomates
¼ de tasse de mie de pain
½ tasse de fromage râpé
persil
huile d'olive

Laver les brocolis. Les faire bouillir quelque temps pour qu'ils soient croustillants. Égoutter. Mettre les brocolis dans un plat allant au four. Ajouter les tomates tranchées. Mélanger la mie de pain, le fromage et le persil. Parsemer les brocolis et les tomates du mélange et verser l'huile d'olive. Faire gratiner au four pendant une quinzaine de minutes.

Zucchini, piments verts et aubergine

(Zucchini, peperoni e melanzana)

1 aubergine
1 ¹/₂ lb (680 g) de zucchini
4 c. à table d'huile d'olive
¹/₄ de tasse de fromage romano
4 piments verts
1 c. à thé de sel
¹/₂ c. à thé de poivre
1 gousse d'ail hachée finement
2 c. à table de persil frais coupé fin
¹/₄ de c. à thé d'origan

Laver et trancher l'aubergine (en tranches de ¹/₂ pouce), tremper dans de l'eau salée. Frire les zucchini. Une fois cuits, les mettre dans un grand plat et saupoudrer de fromage.

Couper les piments en lamelles de 1 pouce et les frire dans l'huile. Une fois cuits, les mettre de côté.

Extraire l'eau de l'aubergine en la pressant et frire.

Mélanger les assaisonnements dans un bol (fromage, sel, poivre, ail, persil et origan).

Une fois l'aubergine prête, placer les zucchini, les piments verts et l'aubergine en rangées dans un plat et ajouter le mélange des assaisonnements.

Servir chaud ou froid.

Ratatouille et vermicelles
(Bobbia e vermicelli)

4 gousses d'ail
3 piments verts
¼ de tasse d'huile d'olive
6 tomates
5 zucchini
vermicelles
basilic
persil
sel, poivre

Couper l'ail et cuire avec les piments coupés en lamelles dans l'huile d'olive. Ajouter les tomates coupées. Cuire à feu moyen durant une vingtaine de minutes.

Faire bouillir légèrement les zucchini, les égoutter puis les verser dans le mélange. Cuire pendant encore 10 minutes.

Faire bouillir les vermicelles. Égoutter. Verser les nouilles dans chaque assiette servie et couvrir de la ratatouille.

4 personnes

Les soupes

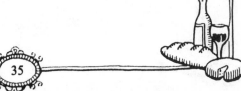

Les soupes

Les soupes que nous vous proposons sont très nourrissantes. Elles peuvent donc se servir comme repas.

Servez-les avec des fromages et viandes froides (capicolli, proscuto, provolone), des olives noires et du pain croûté.

Dans la tradition italienne, la soupe, une fois servie, est parsemée de romano ou de parmesan râpé.

Soupe Minestrone

1 jarret de grosseur moyenne ou un morceau de côte ou un os de jambon
2 oignons
2 branches de céleri
2 carottes
2 zucchini
1 feuille de laurier
1 boîte de tomates de 28 oz (794 g) ou 6 tomates fraîches
1 c. à thé de sucre
sel, poivre
1 boîte de fèves romaines de 19 oz (538 g)
nouilles
romano râpé

Faire bouillir le jarret dans 3 litres d'eau avec les oignons et les carottes frais coupés et 1 feuille de laurier pendant 45 minutes. Écumer.

Enlever le jarret puis verser la boîte de tomates dans le bouillon. Si l'on préfère utiliser des tomates fraîches, les ébouillanter puis enlever la pelure. Couper en cubes avant de verser dans le bouillon. Ajouter le sucre, le sel, le poivre et les zucchini coupés en morceaux.

Égoutter les fèves romaines puis verser dans le bouillon. Faire cuire environ 30 minutes.

Faire bouillir des coudes ou des coquilles. Égoutter. Verser de l'eau froide pour éviter que les nouilles collent.

Déposer des nouilles au fond de chaque bol et verser ensuite la soupe.

Parsemer de romano râpé.

8 personnes

Soupe aux gourganes
(Zuppa con fave)

¹/₂ lb (225 g) de gourganes sèches
1 c. à soupe d'huile d'olive
1 oignon
1 gousse d'ail
1 tomate
nouilles

Laisser tremper les gourganes sèches toute la nuit dans de l'eau froide. Au matin, les rincer. Les faire bouillir jusqu'à ce qu'elles soient tendres.

Mettre 1 c. à soupe d'huile d'olive dans une poêle. Couper l'oignon et la gousse d'ail et faire dorer à feu moyen.

Enlever la pelure de la tomate puis la couper en petits cubes. Frire avec l'oignon et l'ail. (On peut remplacer la tomate par ¹/₂ tasse de jus de tomate.)

Lorsque ces légumes sont légèrement cuits, les ajouter aux gourganes bouillies et brasser à feu doux durant 20 minutes.

Faire bouillir des nouilles en forme de coquilles. Une fois cuites, les égoutter et les ajouter à la soupe peu avant de servir.

Cette soupe est très nourrissante et peut à elle seule constituer un repas.

4 personnes

Soupe aux boulettes
(Zuppa con polpette)

4 gousses d'ail coupées finement
1 lb (450 g) de viande (mélange veau et bœuf)
¼ de tasse de pain sec râpé
¼ de tasse de persil
1 c. à thé de basilic
¾ de tasse de pain sec râpé
¾ de tasse de fromage parmesan ou romano râpé
2 œufs
2 c. à soupe d'huile d'olive
3 litres d'eau
3 carottes
2 morceaux de céleri
1 tomate
1 oignon
1 feuille de laurier
sel, poivre
1 tasse de coudes ou de vermicelles

Mélanger l'ail, la viande, le persil, le basilic, le pain râpé, le fromage, les œufs, le sel et le poivre. Faire de petites boules de 1 pouce de diamètre. Les faire frire avec 2 c. à soupe d'huile d'olive dans un chaudron. Tourner au cours de la cuisson.

$\longrightarrow$

Soupe aux boulettes

Pendant ce temps, verser dans un chaudron 2 litres d'eau, 3 carottes coupées, 2 morceaux de céleri, 1 tomate coupée en quatre et 1 oignon entier. Ajouter 1 feuille de laurier, du sel et du poivre. Faire bouillir à feu moyen durant 1 heure.

Ajouter alors les boulettes bien dorées et laisser mijoter pendant une autre demi-heure.

Faire bouillir des coudes ou des vermicelles. Égoutter.

Pour servir, déposer les nouilles au fond des bols avant d'y verser la soupe.

Plats Principaux

Afin de vous guider dans le choix de vos menus, voici certaines informations sur quelques-uns de nos plats.

Il y a mille et une façons de faire une sauce tomate. Celle que nous offrons est typiquement sicilienne. À cette sauce avec boulettes, les Siciliens ajoutent la saucisse de porc maison, qui la rend encore plus exquise. Bien sûr, ajouter la saucisse de porc à la sauce tomate requiert davantage de préparation. On doit préparer la saucisse bien avant la sauce.

$\longrightarrow$

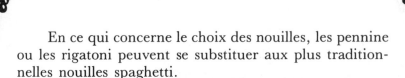

En ce qui concerne le choix des nouilles, les pennine ou les rigatoni peuvent se substituer aux plus traditionnelles nouilles spaghetti.

Les gnocchi maison sont tout à fait différentes des autres nouilles italiennes, parce qu'elles sont à base de pommes de terre, ce qui leur donne un goût très spécial, et elles sont vraiment délicieuses avec la sauce tomate.

Les linguine à l'ail ainsi que les linguine aux câpres sont des plats qui se préparent rapidement et facilement. Aussi, servies en petite quantité, elles peuvent constituer une entrée.

La *pasta fagiole* est un plat typiquement sicilien. Très peu connu ici, ce repas est délicieux et facile à préparer. La *pasta fagiole* peut aussi être servie en petite quantité avant un plat de viande.

En ce qui a trait aux plats de viande, certains sont plus exclusifs à la Sicile que d'autres. Parmi ces plats, signalons le bœuf farci (*bracioli*), l'escalope de veau aux artichauts et la morue à la sauce tomate (*ghiotta*).

Servez vos repas avec du bon vin italien. La plupart des recettes de ce livre requièrent le vin rouge. Par contre, avec certaines viandes qui ne sont pas accompagnées de sauce tomate, on peut aussi servir du vin blanc.

Les pâtes et les sauces

Nouilles maison

(Pasta di casa)

2 tasses de farine
4 œufs
1 c. à soupe d'eau froide
1 ou 2 c. à soupe d'huile d'olive
1 pincée de sel

Mélanger la farine, les œufs, l'eau et l'huile d'olive. Bien brasser. Étendre la pâte et la couper en lanières d'un pouce et demi (4 cm) de largeur. Saupoudrer chaque lanière de farine et l'étendre à nouveau avec le rouleau à pâte pour qu'elle devienne très mince. Pliez chaque lanière en quatre, d'abord dans le sens de la largeur et ensuite dans celui de la hauteur, en n'oubliant pas de saupoudrer de farine à chaque opération. Couper la pâte de la longueur désirée pour faire des vermicelles, ou des linguine, ou des fettucini ou des tagliatelles. Une fois la pâte coupée coupée, la soulever légèrement pour l'empêcher de coller. Bien l'étendre pour qu'elle sèche.

Faire bouillir les pâtes dans de l'eau avec une pincée de sel en brassant constamment. Lorsque les pâtes remontent à la surface, elles sont prêtes. Toujours vérifier si les pâtes sont bien cuites en les goûtant. Égoutter.

6 personnes

Gnocchi maison
(Gnocchi di casa)

4 pommes de terre
1 tasse de farine
2 œufs
1 c. à thé d'huile végétale
1 pincée de sel

Faire bouillir les pommes de terre. Une fois cuites, les piler. Mettre dans un bol et ajouter 1 tasse de farine. Ajouter les œufs et 1 c. à thé d'huile végétale. Bien travailler la pâte.

Une fois la pâte prête, l'allonger comme si c'était de la tire. Saupoudrer la planche de farine puis rouler la pâte pour qu'elle ait 1 pouce (2,50 cm) de largeur sur 15 pouces (38 cm) de longueur. Ensuite, la couper à chaque pouce. Pousser les petits morceaux de pâte avec votre pouce en formant un demi-cercle pour que la pâte prenne la forme d'un colimaçon.

Faire bouillir les gnocchi dans de l'eau bouillante avec une pincée de sel. Brasser constamment durant la cuisson. La pâte remontera à la surface lorsqu'elle sera cuite. Avant d'égoutter, goûter un gnocchi pour s'assurer que la pâte est bien cuite.

Une fois cuits, égoutter puis servir avec la sauce tomate.

Environ 2 douzaines

Ravioli *pâte aux œufs*

2 tasses de farine
2 œufs
$\frac{1}{2}$ c. à thé de sel
2 c. à thé d'eau froide
2 c. à soupe d'huile végétale

Mettre la farine dans un bol. Faire un creux et mettre les œufs, le sel, l'eau et l'huile végétale. Travailler la pâte avec les mains. Si la pâte est trop sèche, ajouter un peu d'eau froide. Travailler la pâte jusqu'à ce qu'elle soit douce et élastique. Couvrir et laisser reposer durant 15 minutes.

Séparer la pâte à ravioli en deux. Mettre un peu de farine sur la planche à pain et sur le rouleau à pâte. Étendre une moitié de la pâte jusqu'à ce qu'elle devienne très mince. Répéter avec l'autre moitié.

Couper la surface de la pâte en carrés de 4 pouces (10 cm) de longueur sur 2 pouces (5 cm) de largeur. Mettre 1 c. à thé de farce dans chaque carré de pâte et rabattre la pâte sur elle-même en refermant les extrémités. Laisser reposer pendant 1 heure avant de faire bouillir.

Jeter les ravioli dans de l'eau bouillante avec 1 c. à thé de sel. Cuisson de 7 à 8 minutes ou jusqu'à ce que les ravioli remontent à la surface. Égoutter.

Les ravioli se servent avec la sauce tomate. Ils peuvent aussi être servis avec un peu de beurre fondu ou d'huile d'olive. Avant de servir, saupoudrer de parmesan.

2 douzaines

Farce pour ravioli

1 tasse de bœuf haché
1/2 tasse de jambon haché
1 œuf
1 gousse d'ail hachée finement
1/2 c. à thé de poivre noir
1/2 c. à thé de sel
1/4 de tasse de parmesan râpé

Faire cuire le bœuf haché dans une poêle. Dans un bol, mélanger tous les autres ingrédients. Ajouter le bœuf haché cuit. Bien mélanger le tout.

2 douzaines

Sauce tomate pour spaghetti
avec boulettes de bœuf et porc

(Salsa per spaghetti con polpette)

1 ¹/₂ lb (680 g) de viande hachée (³/₄ bœuf, ¹/₄ porc)
1 tasse de mie de pain
¹/₄ de tasse de fromage romano ou parmesan
persil (quantité au goût)
3 gousses d'ail
2 tranches de pain
3 œufs
sel, poivre
3 c. à soupe d'huile d'olive ou végétale
3 boîtes de tomates de 28 oz (794 g)
1 branche de céleri
1 oignon
2 feuilles de laurier
1 c. à soupe de sucre
1 boîte de pâte de tomates (5.5 oz, 156 g)
1 pincée de basilic

Les boulettes

Ajouter à la viande hachée la mie de pain, le fromage, le persil et 2 gousses d'ail finement coupées.

Couper en petits morceaux les deux tranches de pain que vous avez humectées dans l'eau, en prenant soin

Sauce tomate pour spaghetti

d'enlever le surplus d'eau. Bien mélanger à la viande.

Ajouter les œufs, le sel et le poivre. Mélanger. Faire des boulettes d'environ 2 pouces (5 cm) de diamètre.

Frire les boulettes dans 3 c. à soupe d'huile d'olive ou végétale. Une fois bien cuites, les mettre de côté et garder l'huile de la cuisson.

La sauce

Dans une marmite d'environ 3 pintes (3 litres), mettre 3 boîtes de tomates de 28 onces. Ajouter 1 branche de céleri avec ses feuilles, 1 oignon, 1 feuille de laurier, du sel, du poivre et 1 c. à soupe de sucre. Laisser mijoter à feu moyen.

Couper 1 gousse d'ail très finement et faire dorer en écrasant dans l'huile utilisée pour la cuisson des boulettes, et ajouter 1 c. à soupe de pâte de tomates. Frire quelques minutes en brassant puis remplir d'eau la boîte de pâte de tomates et verser graduellement en brassant.

Verser la pâte de tomates et l'ail dans la marmite de sauce en ajoutant 1 feuille de laurier et du basilic. Laisser mijoter pendant 1 heure. Ajouter ensuite vos boulettes à la sauce et laisser mijoter le tout pendant encore 1 heure.

Faire cuire les spaghettis dans l'eau bouillante en brassant continuellement. Une fois prêts, les égoutter.

Disposer la quantité de nouilles désirée dans une assiette et mettre de la sauce et des boulettes sur les spaghettis.

6 personnes

Sauce à la crème pour spaghetti

(Salsa con crema per spaghetti)

1 gousse d'ail
2 c. à thé d'huile d'olive
1 boîte de pâte de tomates
1 lb (450 g) de viande hachée
2 boîtes de sauce tomate de 28 oz (794 g)
1 tasse de crème 35 %
origan
basilic
persil
grains de chili
sel, poivre

Couper l'ail. Faire dorer en écrasant avec l'huile d'olive dans un chaudron. Ajouter la pâte de tomates. Ajouter un peu d'eau (¹/₈ de tasse) et laisser mijoter de 5 à 10 minutes. Ajouter la viande hachée et brasser tout au cours de la cuisson. Lorsque la viande est brunie, ajouter la sauce tomate et les assaisonnements. Cuire durant 1 heure à feu moyen puis ajouter la crème. Bien mélanger. Prêt à servir sur spaghetti.

6 personnes

Sauce pour pizza

(Salsa per pizza)

2 ou 3 gousses d'ail
2 c. à soupe d'huile d'olive
1 boîte de tomates de 28 oz (794 g)
1/2 c. à soupe de sucre
origan (quantité au goût)
grains de chili
sel, poivre

Couper l'ail finement. Verser l'huile d'olive dans un chaudron. Dorer très légèrement l'ail avant de verser la boîte de tomates. Ajouter le sucre, l'origan, les grains de chili, le sel et le poivre.

Faire cuire à feu moyen durant 1 heure. Brasser de temps à autre.

Note: La pâte à pizza se fait exactement comme le pain (voir recette du pain). Mais pour la pâte à pizza, il faut étendre la pâte comme une tarte dans une lèchefrite et la faire lever une fois avant de la recouvrir de sauce tomate pour la mettre au four. La pizza sicilienne n'ajoute pas de mozzarella ni de pepperoni. On peut toujours les ajouter si on le désire.

Cuire à 350°F (175°C) pendant environ 15 minutes. Attention: il est préférable de réchauffer le four 20 minutes avant d'y déposer la pâte.

Pour 2 ou 3 grandes pizzas

Linguine à l'ail
(Linguine aglio)

1 lb (450 g) de linguine
¼ de tasse d'huile d'olive
4 gousses d'ail
fromage romano (au goût)
sel et poivre

    Faire cuire les pâtes linguine dans de l'eau bouillante en brassant continuellement. Mettre l'huile d'olive dans une poêle, ajouter 4 gousses d'ail coupées finement et laisser dorer à feu doux dans l'huile tout en les écrasant.
    Lorsque les pâtes sont cuites, les égoutter et les mettre dans une assiette. Verser l'huile sur les pâtes. Saupoudrer de fromage et ajouter poivre et sel.
    On peut servir les linguine à l'ail avec des zucchini ou des brocolis bouillis sur lesquels on ajoute de l'huile d'olive, du persil, du sel et du poivre.

4 ou 5 personnes

Linguine aux câpres
(Linguine capperi)

4 c. à soupe d'huile d'olive
3 ou 4 gousses d'ail
1 boîte de pâte de tomates (5.5 oz, 156 g)
1 boîte de tomates de 28 oz (794 g)
sel, poivre
1 c. à thé de basilic
½ c. à thé d'origan
1 feuille de laurier
125 ml de câpres draînées
1 tasse de vin blanc ou de vermouth sec

Dans une casserole, faire chauffer à feu doux 4 c. à soupe d'huile d'olive. Une fois l'huile chaude, ajouter des morceaux d'ail coupés finement et les faire dorer légèrement. Ajouter la pâte de tomates en mélangeant durant 2 minutes à feu moyen.

Ensuite, ajouter la boîte de tomates. Laisser mijoter durant 20 minutes.

Ajouter le sel, le poivre, le basilic, l'origan et la feuille de laurier et laisser mijoter durant 15 minutes à feu doux.

Ajouter les câpres à la sauce. (Bien faire sécher les câpres sur un linge avant de les ajouter à la sauce.)

Verser le vin blanc ou le vermouth sec dans la sauce et laisser mijoter le tout durant 3 à 4 minutes.

→

Linguine aux câpres

Faire cuire des linguine dans de l'eau bouillante avec une pincée de sel. Une fois cuites, égoutter.

Mettre les linguine dans un bol chaud et ajouter la sauce. Mélanger. Prêt à servir.

Note: On peut remplacer les linguine par des pennini ou des spaghettis.

Il n'est pas conseillé de parsemer les linguine aux câpres de fromage râpé.

6 personnes

Linguine aux palourdes

(Linguine alle vongole)

3 c. à soupe de beurre
4 c. à soupe de farine
1 tasse de lait
2 boîtes de palourdes
$^1/_2$ tasse de persil
3 ou 4 échalotes
poivre noir
linguine

Faire fondre le beurre dans un poêlon. Ajouter la farine graduellement en brassant. Verser graduellement le lait tout en brassant avec un batteur à main. Brasser tout en laissant épaissir la sauce à feu moyen. Drainer la moitié d'une des boîtes de palourdes. Couper le persil et les échalotes et ajouter à la sauce. Verser graduellement la boîte de palourdes. Brasser. Ajouter graduellement la seconde boîte en mettant de côté la moitié du jus. Laisser chauffer de 5 à 15 minutes à feu doux. Ajouter du jus de palourdes si la sauce a trop épaissi au cours de la cuisson.

Faire bouillir les nouilles*. Égoutter. Verser de l'eau froide sur les nouilles pour éviter qu'elles ne collent. Égoutter.

Verser les nouilles dans chaque assiette puis verser la sauce aux palourdes.

Servir avec des zucchini à l'huile d'olive.

4 ou 5 personnes

* On peut remplacer les linguine par des fettucini.

Macaroni gratiné

(Macaroni crostate)

1 c. à thé d'huile d'olive
1 gousse d'ail
1 petite boîte de pâte de tomates
1 lb (450 g) de viande hachée
1 boîte de tomates de 28 oz (794 g)
1 tasse de fromage cheddar ou de provologne râpé
1 tasse de crème 15 %
1 lb (450 g) de macaroni
1 tasse de mozzarella
1 pincée de sucre
1 c. à thé de basilic
sel, poivre

Faire chauffer l'huile d'olive dans un chaudron. Couper puis écraser l'ail dans l'huile. Ajouter la boîte de pâte de tomates. Brasser pendant quelques minutes puis ajouter la viande hachée. Une fois la viande cuite, ajouter la boîte de tomates, le sucre, le basilic, le sel et le poivre, et laisser mijoter durant 1 heure. Ajouter le cheddar 15 minutes avant la fin de la cuisson et la crème avant les 5 dernières minutes. Bien brasser.

Faire bouillir les macaroni. Égoutter. Déposer dans un grand plat de service et verser la sauce. Brasser et couvrir de mozzarella tranché. Faire gratiner au four pendant quelques minutes avant de servir.

de 4 à 6 personnes

Manicotti

La sauce

1 boîte de tomates de 28 oz (794 g)
$^1/_2$ c. à thé de sucre
persil
$^1/_2$ c. à thé d'origan
sel, poivre

Verser la boîte de tomates dans une casserole et ajouter le sucre, le persil, l'origan, le sel et le poivre et faire cuire à feu moyen élevé pendant 30 minutes.

La farce des manicotti

1 lb de fromage ricotta
1 pincée de sucre
1 pincée de sel
2 jaunes d'œufs
2 blancs d'œufs

Mélanger le fromage, le sucre, le sel et les jaunes d'œufs. Battre les blancs d'œufs en neige et incorporer graduellement au mélange. Bien mélanger.

Remplir d'eau une casserole et amener à ébullition. Jeter une à une les nouilles manicotti. Brasser pour éviter qu'elles ne collent. Si la casserole n'est pas suffisamment grande, faire cuire 6 manicotti à la fois puis les 6 autres. Retirer du feu lorsque les nouilles sont *al dente* (c'est-à-dire mordantes). Égoutter.

→

Manicotti

Farcir chaque manicotti du mélange et bien refermer les extrémités de chaque nouille.

Remplir le fond d'une lèchefrite de la sauce tomate. Ajouter les manicotti farcis. Couvrir hermétiquement avec du papier d'aluminium et mettre au four à 350°F (175°C) pendant 45 minutes. Servir en versant de la sauce sur les manicotti. Saupoudrer de romano ou de parmesan râpé.

2 manicotti par personne

Lasagne

Sauce

4 gousses d'ail
1 oignon
4 c. à soupe d'huile d'olive
2 boîtes de tomates de 28 oz (794 g)
1 c. à thé d'origan
1 c. à thé de basilic
2 c. à soupe de persil
2 morceaux de céleri
1/4 de c. à thé de grains de chili
3 c. à soupe de sucre
sel, poivre
2 lbs (900 g) de viande hachée

Faire dorer dans un chaudron 2 gousses d'ail et 1 oignon finement coupés avec 2 c. à soupe d'huile d'olive. Ajouter ensuite 2 boîtes de tomates. Faire mijoter en ajoutant l'origan, le basilic, le persil, le céleri, les grains de chili avec 3 c. à soupe de sucre, et sel et poivre au goût.

Dans un poêlon, faire dorer 2 gousses d'ail finement coupées dans 2 c. à soupe d'huile d'olive. Ajouter ensuite la viande hachée. Mélanger jusqu'à ce que la viande soit moyennement cuite puis la verser dans la sauce tomate. Faire mijoter le tout durant 1 1/2 heure.

$\longrightarrow$

Lasagne

Pâtes

1 boîte de pâtes à lasagne de 325 g
1 ³/₄ tasse de fromage cottage ou ricotta
2 ³/₄ tasses de mozzarella râpé
³/₄ de tasse de fromage parmesan

Faire bouillir dans un chaudron 3 litres d'eau avec 2 c. à thé de sel. Une fois l'eau bouillie, déposer une à une les tranches de pâtes à lasagne pour éviter qu'elles ne collent. Cuire de 12 à 15 minutes. Égoutter puis rincer à l'eau froide et égoutter à nouveau.

Huiler un plat à lasagne. Déposer uniformément un peu de sauce tomate au fond du plat. Faire un étage de pâtes. Étendre ricotta ou cottage, mozzarella et parmesan. Verser à nouveau de la sauce tomate et répéter l'opération pâtes, fromage et sauce. Terminer avec un étage de pâtes et sauce.

Couvrir le plat avec du papier d'aluminium. Mettre au four pendant 45 minutes à 350°F (175°C).

Servir avec une salade verte.

de 6 à 8 personnes

Pâtes et fèves romaines

(Pasta e fagioli)

8 tranches de bacon
huile d'olive (quantité au goût)
1 oignon
1 gousse d'ail
1 branche de céleri
1 boîte de tomates (20 oz, 567 g)
sel, poivre
1 pincée d'origan
1 boîte de fèves romaines (20 oz, 567 g)
1 tasse de coudes

Faire cuire les tranches de bacon dans une poêle, puis les mettre de côté.

Verser 4 c. à soupe d'huile d'olive dans une casserole. Faire revenir l'oignon, l'ail et le céleri finement coupés. Lorsque les légumes sont dorés, ajouter la boîte de tomates, du sel, du poivre et une pincée d'origan.

Laisser mijoter durant 20 minutes.

Ajouter la boîte de fèves romaines. Couper en petits morceaux les tranches de bacon cuites et ajouter au mélange. Laisser mijoter le tout durant 10 minutes.

Faire cuire les coudes dans de l'eau bouillante avec 1 pincée de sel. Une fois cuits, égoutter puis ajouter au mélange. Bien brasser. Prêt à servir.

4 personnes

Tortellini et gnocchi au gorgonzola

(Tortellini, gnocchi al gorgonzola)

2 c. à soupe de beurre
8 c. à soupe de fromage gorgonzola
1 tasse de crème 35 %
1 c. à soupe de poivre
1/2 c. à thé de poudre d'ail
1 pincée d'origan
1 pincée de sel
1 tasse de gnocchi
1 tasse de tortellini
3/4 de tasse de mozzarella râpé
1/2 tasse de parmesan râpé ou de fromage romano

Faire fondre 2 c. à soupe de beurre. Ajouter le fromage gorgonzola préalablement fondu. Bien mélanger à feu moyen.

Ajouter 1 tasse de crème 35 % en mélangeant continuellement. Ajouter 1 c. à soupe de poivre, 1/2 c. à thé de poudre d'ail, 1 pincée d'origan et 1 pincée de sel.

---

* Le mélange tortellini et gnocchi est délicieux mais on peut, avec cette recette, utiliser l'une ou l'autre de ces nouilles. On peut se procurer les tortellini et les gnocchi frais dans des boutiques spécialisées en produits italiens.
Pour une préparation plus rapide, on peut utiliser seulement deux fromages: le gorgonzola et le parmesan.

Tortellini et gnocchi au gorgonzola

Faire bouillir les gnocchi et les tortellini dans l'eau bouillante. Une fois les nouilles cuites, égoutter.

Lorsque la sauce est bien chaude, ajouter les gnocchi et les tortellini. Bien mélanger. Lorsque ce mélange est très chaud, ajouter le fromage mozzarella et le parmesan râpé. Brasser constamment durant la cuisson.

Prêt à servir lorsque les fromages sont bien fondus.

6 personnes

Fettucini Alfredo di casa

Cette délicieuse recette est moins riche que la plupart des recettes de fettucini alfredo.

fettucini*
2 c. à soupe de beurre
1 gousse d'ail coupée finement
¼ de litre de crème chaude 15 % type campagnarde
200 g de fromage romano
1 pincée de basilic
1 poignée de persil italien coupé fin
1 c. à thé de poivre

Faire bouillir les fettucini *al dente*. Égoutter. Verser les nouilles dans le chaudron et ajouter le beurre, l'ail et la crème chaude. Augmenter un peu l'intensité du feu pour que la crème épaississe. Brasser. Ajouter graduellement le fromage râpé puis les épices tout en brassant.

Une fois le fromage fondu, cuire 5 minutes pour que la sauce soit crémeuse. Servir immédiatement.

6 personnes

* On peut remplacer les fettucini par des gnocchi ou des linguine.

L'agneau

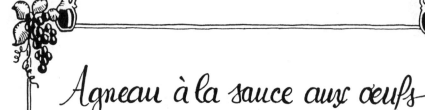

Agneau à la sauce aux œufs

(Agnello con salsa uova)

3 lbs (1,35 kg) d'agneau sans os coupé en cubes de 2
  pouces (5 cm)
farine
2 c. à thé de sel
1/2 c. à thé de poivre
4 c. à thé de beurre
1/3 de tasse d'oignons hachés finement
1 petite gousse d'ail
1/8 de c. à thé de piments rouges écrasés
1 tasse de vin blanc sec
1 œuf
2 c. à table d'eau froide
1 c. à thé de pelure de citron râpée

Rouler l'agneau dans la farine, le sel et le poivre
mélangés. Faire fondre le beurre dans une casserole allant
au four.

Lorsque le beurre est fondu, faire sauter les oignons
à feu moyen durant 10 minutes. Ajouter l'ail, le piment
rouge et l'agneau. Couvrir durant 20 minutes. La viande
doit être dorée.

Ajouter ensuite 1/4 de tasse de vin toutes les 15
minutes et brasser la poêle fréquemment.

→

Agneau à la sauce aux œufs

Battre l'œuf, ajouter 2 c. à table d'eau froide, 1 c. à thé de pelure de citron et un peu de jus de la friture et battre fortement. Verser ensuite ce mélange sur la viande.

Cuire à feu très doux durant 2 minutes tout en brassant.

Enlever du feu et laisser reposer 2 minutes avant de servir.

Servir avec des fèves vertes et des pommes de terre au four.

de 6 à 8 personnes

Rôti d'agneau mariné
(Arrosto di agnello marinata)

de 4 à 5 lbs (de 1,80 à 2,25 kg) d'agneau
1 c. à thé de sel
poivre
1 c. à thé de romarin
1/3 de tasse de vinaigre de vin
1/2 tasse d'huile d'olive

Enlever le gras et la peau de l'agneau. Faire des entailles à divers endroits de l'agneau, puis le frotter avec le sel, le poivre et le romarin. Placer l'agneau dans un bol, le couvrir avec le vinaigre et l'huile préalablement mélangés.

Laisser mariner toute la nuit en arrosant de temps à autre de la marinade.

Égoutter et placer dans une rôtissoire. Cuire à 350°F (175°C). La durée de la cuisson peut varier. L'agneau est bien cuit lorsqu'une fourchette s'y enfonce facilement.

Durant la cuisson de l'agneau, on peut ajouter des pommes de terre coupées, parsemées de paprika.

6 personnes

Brochettes d'agneau et choux de Bruxelles

(Bracioli di agnello e cavoli di Brusselle)

2 gousses d'ail coupées finement
1 tomate tranchée mince
²/₃ de tasse d'huile d'olive
1 lb (450 g) d'épaule d'agneau coupée en dés de 1 pouce
1 piment vert coupé en dés
1 lb (450 g) de choux de Bruxelles
1 tomate coupée en quartiers
4 gros champignons

Couper l'ail et la tomate en tranches minces. Faire revenir dans l'huile d'olive. Cuire à feu doux durant environ 10 minutes. Ajouter l'agneau. Cuire jusqu'à ce qu'il devienne doré. Ajouter ensuite le piment vert coupé en dés ainsi que les choux de Bruxelles. Cuire pendant environ 20 minutes encore en brassant de temps à autre.

Mettre de côté le jus de la cuisson, qui servira de marinade. Garnir des brochettes avec l'agneau, le piment, les tomates, les champignons et les choux de Bruxelles. Faire griller 5 minutes des deux côtés.

Servir sur un lit de vermicelles avec la marinade.

4 personnes

Le boeuf

Boeuf farci
(Braciola di manzo)

2 gousses d'ail hachées
1 tasse de mie de pain
$3/4$ de tasse de fromage romano râpé
1 faux filet tranché mince
1 tasse d'eau chaude
3 c. à soupe d'huile d'olive
1 branche de persil
sel, poivre

Hacher une gousse d'ail et mélanger à la mie de pain et au fromage.

Étendre cette farce sur chacune des tranches de viande puis rouler la viande.

Mélanger une tasse d'eau chaude avec 3 c. à soupe d'huile d'olive et ajouter une gousse d'ail hachée, une tige de persil, du sel et du poivre. Badigeonner la viande de cette sauce.

Mettre la viande au four à «broil» pendant environ 7 minutes.

Servir cette viande farcie avec des brocolis, des choux-fleurs ou des zucchini bouillis et badigeonner d'huile d'olive.

de 6 à 8 personnes

Piments farcis
(Peperoni ripieni)

1 tasse de riz
2 gousses d'ail
4 c. à table d'huile d'olive
1 paquet de 3 viandes hachées (porc, veau, bœuf, 1/2 lb
  (225 g) de chaque)
3 œufs
1 tasse de romano râpé
persil
sel, poivre
8 piments verts
1 boîte de tomates de 28 oz (794 g)
1 c. à thé de sucre
1 c. à thé de basilic sec ou 4 feuilles
1/2 c. à thé d'origan

Cuire le riz. Couper l'ail finement et le faire frire dans 2 c. à table d'huile d'olive, puis ajouter la viande hachée. Mélanger tout au cours de la cuisson.

Dans un grand bol, verser la viande et le riz cuits et ajouter les œufs, le fromage, le persil, avec 1 petite gousse d'ail coupée finement, 1/2 c. à thé de sel et 3/4 de c. à thé de poivre. Bien mélanger.

Laver les piments. Couper la tête et la mettre de côté. Extraire l'intérieur des piments.

Farcir les piments du mélange, remettre la tête et piquer de cure-dents pour la faire tenir.

→

Piments farcis

Dans un poêlon, faire frire les piments dans 2 c. à table d'huile d'olive à feu moyen. Tourner pour qu'ils soient cuits de tous côtés.

Verser la boîte de tomates dans une grande lèchefrite. Verser 1 c. à thé de sucre, le basilic, ½ c. à thé de sel et de poivre et ½ c. à thé d'origan. Bien brasser. Ajouter les piments. Cuire à 350°F (175°C) pendant 80 minutes. Couvrir les piments de papier d'aluminium pour les 20 premières minutes de cuisson.

Servir en ajoutant sur chaque piment de la sauce tomate. Parsemer de fromage parmesan râpé.

On peut servir les piments farcis en entrée si le repas est constitué essentiellement de pâtes.

6 à 8 personnes

Choux roulés et sauce tomate

(Cavoli con salse di pomodoro)

1 chou de grosseur moyenne
1 oignon
1 gousse d'ail
2 c. à soupe d'huile d'olive
1 lb (450 g) de viande (bœuf ou veau ou mélange des
   deux)
1/2 tasse de mie de pain
1 œuf
persil
sel, poivre
1 boîte de tomates de 28 oz (794 g)

Faire bouillir le chou jusqu'à ce que la feuille se détache facilement. Détacher chaque feuille. Couper en pointe les extrémités dures des feuilles pour que la feuille roule plus facilement.

Faire revenir 1 oignon et 1 gousse d'ail dans 2 c. à soupe d'huile d'olive. Ajouter ensuite la viande hachée. Une fois la viande cuite, la mélanger à la mie de pain et ajouter 1 œuf. Bien mélanger. Ajouter l'ail cuit, du persil, du sel et du poivre au goût et mélanger.

Faire cuire 1/2 tasse de riz dans 1 tasse d'eau. Éviter de le faire cuire trop longtemps car il doit être croustillant. Mélanger le riz cuit à la viande.

→

Choux roulés et sauce tomate

Verser 1 c. à soupe du mélange de viande et de riz dans une feuille de chou. Rouler la feuille de chou autour de la viande en prenant soin de fermer les côtés de la feuille pendant que vous la roulez.

Déposer les choux roulés dans une grande casserole avec 1 boîte de tomates écrasées. Ajouter sel, poivre, persil, ainsi qu'une pincée de sucre.

Faire cuire au four durant 30 minutes à 350°F (175°C).

Servir avec une salade verte.

6 personnes

Ragoût de bœuf et tomates

(Stufato di manzo)

2 lbs (900 g) de bœuf dans le haut côté
3 c. à soupe d'huile végétale
2 oignons
1 gousse d'ail
2 c. à soupe de pâte de tomates
1 tasse d'eau chaude
1 boîte de tomates de 28 oz (794 g)
sel, poivre, sucre
persil
1 feuille de laurier
1 branche de céleri
3 carottes
4 pommes de terre

Couper la viande en morceaux de 1 pouce carré. Faire revenir dans une casserole en brassant. Mettre le couvercle lorsque le jus sera évaporé. Ajouter 3 c. à soupe d'huile végétale.

Couper les oignons et l'ail en petits morceaux. Les frire dans la même casserole en prenant soin de ne pas les faire brûler. Écraser l'ail avec une fourchette. Ajouter 2 c. à soupe de pâte de tomates et faire revenir en brassant. Ajouter 1 tasse d'eau chaude. Laisser mijoter 30 minutes.

→

Ragoût de bœuf et tomates

Ajouter les tomates, le sel, le poivre, le sucre, le persil, la feuille de laurier, le céleri et les carottes coupés en petits morceaux. Laisser mijoter encore pendant 30 minutes. Couper les pommes de terre en dés et verser dans le mélange.

Faire cuire lentement pour que la viande soit tendre.

6 personnes

Les poissons et fruits de mer

Filet de sole vin blanc

(Filetto di pesce al vino bianco)

6 tranches de filet de sole
1 c. à soupe d'huile d'olive
1 1/2 c. à soupe de jus de citron
1 oz (30 ml) de vin blanc
sel, poivre
paprika
1 paquet de champignons
1/2 tasse de mie de pain
1 c. à soupe de ciboulette
2 branches de persil
provolone doux râpé

Laver et assécher le poisson. L'étendre sur un grand plat. L'arroser d'huile d'olive, de jus de citron et de vin. Saupoudrer de sel, de poivre et de paprika, et laisser mariner durant 2 heures.

D'autre part, faire tremper les champignons durant 1 heure dans de l'eau chaude.

Une fois le poisson bien mariné, en étendre les tranches sur une serviette. Garder ce qui reste de la marinade.

Saupoudrer les tranches d'un peu de mie de pain, de ciboulette, de persil et de fromage râpé. Saler et poivrer au goût et rouler ensuite les tranches.

→

Filet de sole vin blanc

Une fois toutes les tranches farcies, les placer dans une marmite et ajouter un peu d'eau. Couvrir.

Jeter les queues des champignons puis mettre les champignons dans la marmite ainsi que le restant de la marinade. Faire bouillir le tout durant 8 minutes.

Sortir les filets de leur bouillon et les mettre dans un plat chaud. Garder le bouillon pour la sauce (recette suivante).

4 personnes

Sauce pour filet de sole
(Salsa per filetto di pesce)

¼ de tasse de beurre
3 c. à soupe de farine
1 tasse de lait ou de crème
½ tasse de bouillon du poisson cuit
sel, poivre

Faire fondre le beurre dans une poêle et ajouter graduellement la farine en brassant. Ajouter le lait froid graduellement, puis le bouillon, du sel et du poivre.

Cuire durant quelques minutes comme une sauce béchamel. Bien brasser.

Pour servir, placer les tranches de filet de sole dans une assiette chaude avec les champignons et y ajouter la sauce. Saupoudrer le tout de paprika.

Servir avec des vermicelles à l'huile d'olive.

Filet de sole campagnard

(Pesce campagnola)

1/3 de tasse de farine
1 pincée de moutarde sèche
sel, poivre
2 lbs (900 g) de filet de sole
1/2 tasse de beurre
1/3 de tasse de jus de citron
1/2 c. à thé d'aneth
paprika

Dans un bol, mélanger la farine, la moutarde sèche, du sel et du poivre. Tremper le filet de sole dans le mélange. Frire dans le beurre jusqu'à ce qu'il soit doré. Déposer le filet dans un plat de service et verser dans le poêlon le jus de citron, l'aneth et le paprika. Faire chauffer pendant 2 minutes. Verser cette sauce sur le poisson et sur du riz avant de servir.

de 4 à 6 personnes

Morue à la sauce tomate

(Ghiotta)

1 oignon
4 c. à soupe d'huile d'olive
1 branche de céleri
1 c. à soupe de raisins secs
1 poignée d'olives noires ou vertes
3 pommes de terre
1 boîte de jus de tomates (20 oz, 567 g)
sel, poivre
2 filets de morue

Trancher l'oignon finement. Frire l'oignon dans 4 c. à soupe d'huile d'olive avec une branche de céleri, les raisins secs, les olives ainsi que les pommes de terre coupées. Faire dorer le tout en brassant.

Ajouter la boîte de jus de tomates avec une pincée de sel et de poivre. Laisser mijoter durant 20 minutes ou jusqu'à ce que les pommes de terre soient cuites.

Couper la morue en tranches et ajouter au mélange. Faire mijoter pendant environ 10 minutes ou jusqu'à ce que le poisson soit bien cuit.

Servir avec des vermicelles arrosés de sauce tomate.

4 personnes

Crevettes de Naples
(Granchiolini di Napoli)

1 lb (450 g) de crevettes
1/4 de tasse d'huile d'olive
1 gousse d'ail
persil
1/2 tasse de tomates italiennes
grains de chili
1 c. à thé d'origan
sel, poivre
3 anchois

Faire sauter les crevettes dans l'huile d'olive. Retirer du feu. Garder au chaud.

Couper l'ail, le persil et les tomates. Dans un chaudron, verser un peu d'huile d'olive et faire revenir légèrement l'ail. Ajouter les tomates coupées et les écraser, les épices, le persil ainsi que les anchois. Faire mijoter pendant environ 20 minutes.

Verser cette sauce sur les crevettes avant de servir.
Servir sur un lit de spaghettini ou de vermicelles.

4 personnes

Palourdes et sauce tomate

(Salsa pomodoro e vongole)

1 gousse d'ail
1 oignon
4 tasses de tomates italiennes
persil
origan
sel, poivre
1 boîte de palourdes

Hacher l'ail et l'oignon. Verser l'huile d'olive dans une casserole et faire frire l'ail et l'oignon à feu moyen. Ajouter les tomates, les épices. Cuire à feu moyen durant 25 minutes. Drainer les palourdes et les ajouter à la sauce tomate. Cuire encore pendant 10 minutes.

Se sert sur tout genre de pâtes allongées.

de 4 à 6 personnes

Le poulet

Poulet cacciatore

(Pollo alla cacciatore)

4 poitrines de poulet
huile d'olive (quantité au goût)
1 oignon
2 branches de céleri
1 boîte de tomates (28 oz, 794 g)
persil
1 c. à thé de sucre
1 feuille de laurier
sel, poivre

Faire dorer les poitrines dans l'huile d'olive.

Couper l'oignon et le céleri en petits morceaux.

Chauffer ces légumes avec la boîte de tomates et ajouter le persil, le sucre, la feuille de laurier, le sel et le poivre.

Ajouter le poulet à la sauce tomate. Cuire durant 1 heure à feu doux.

Servir avec des linguine ou des pennine couvertes de sauce tomate.

4 personnes

Poulet de Milan
(Pollo di Milano)

1 poulet de 3 lbs (1,37 kg)
¼ de tasse de farine
1 c. à thé de sel
¼ de c. à thé de poivre
4 c. à thé de parmesan
1 c. à thé de paprika
¼ de tasse d'huile d'olive
1 lb (450 g) de zucchini tranchés
1 boîte de champignons

Bien laver et nettoyer le poulet.

Mélanger la farine, le sel, le poivre, le fromage et le paprika. Couvrir le poulet du mélange.

Dans un poêlon, faire dorer le poulet dans de l'huile pendant 20 minutes. Faire frire des deux côtés.

Ajouter ⅔ de tasse d'eau et le liquide de la boîte de champignons. Couvrir. Laisser cuire à feu moyen pendant 30 minutes. Ajouter ensuite les zucchini et les champignons. Couvrir et cuire pendant encore 15 minutes. Prêt à servir.

Servir avec des fettucini, sur lequels on verse la sauce du poulet.

de 4 à 6 personnes

Poulet à la crème

(Pollo con crema)

4 poitrines de poulet
8 oz (225 g) de nouilles spaghetti ou spaghettini
1/2 lb (225 g) de champignons
6 c. à table d'huile d'olive
5 c. à table de farine
sel
2 tasses de crème 15 %
1/4 de tasse de sherry
1/2 tasse de parmesan râpé
1 tasse de bouillon de poulet

Faire bouillir le poulet durant environ 20 minutes. Mettre de côté. D'autre part, faire bouillir les nouilles. Quand elles sont cuites, verser de l'eau froide dans la casserole pour éviter qu'elles collent. Égoutter.

Couper les champignons et les faire frire dans 2 c. à table d'huile d'olive. Les ajouter aux nouilles et mettre de côté.

Dans un chaudron, faire chauffer 4 c. à table d'huile d'olive et ajouter la farine et le sel mélangés. Brasser et faire dorer légèrement puis ajouter graduellement la crème. Bien brasser pour éviter les grumeaux. Laisser épaissir puis verser le sherry, le parmesan ainsi que le poulet. Brasser puis réduire le feu.

Dans un plat de service graissé, déposer le spaghetti avec les champignons et verser la sauce au poulet. Mélanger. Parsemer d'un peu de fromage. Cuire au four à 350°F (175°C) pendant 40 minutes.

4 personnes

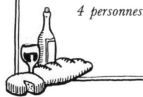

Poulet et Épinards

(Pollo con spinaci)

2 tasses de poulet bouilli en cubes
5 c. à thé d'huile d'olive
3 c. à thé de farine
1 pincée de poivre de Cayenne
1 c. à thé de sel
1 $\frac{1}{2}$ tasse de lait
$\frac{1}{2}$ tasse de fromage provolone râpé
$\frac{1}{2}$ tasse de crème
1 lb (450 g) d'épinards
$\frac{1}{3}$ de tasse de mie de pain

Faire d'abord bouillir le poulet pendant environ 15 minutes. Égoutter.

Dans une casserole, faire chauffer 5 c. à thé d'huile d'olive et verser graduellement la farine en brassant. Éviter les grumeaux. Ajouter le poivre de Cayenne et le sel. Ajouter graduellement le lait. Cuire à feu moyen en brassant. Une fois l'obtention d'un liquide lisse et épais, ajouter le fromage râpé et la crème. Réduire le feu et brasser jusqu'à ce que le fromage soit bien fondu. Ajouter le poulet bouilli. Baisser le feu.

Faire bouillir les épinards. Égoutter. Les étaler au fond d'un grand plat de service et verser le poulet et la sauce. Parsemer le tout de mie de pain et d'un peu d'huile d'olive. Faire griller pendant quelques minutes.

Servir avec des linguine.

de 4 à 6 personnes

Poulet aux olives

(Pollo e ulivi)

1 poulet dépecé ou 6 poitrines de poulet
1 cube de bouillon de poulet
1 tasse d'eau bouillante
1 pot d'olives noires ou vertes (375 ml)
1 c. à thé de poivre noir
persil
5 petits dés de beurre

Laver le poulet et enlever le gras. Mettre le poulet dans un plat d'environ 2 pouces (5 cm) de hauteur. Mélanger le cube de bouillon de poulet à 1 tasse d'eau bouillante et ajouter au poulet. Drainer les olives puis verser sur le poulet. Ajouter le poivre noir, le persil et les dés de beurre sur le poulet.

Cuire au four à 300°F (150°C) pendant 2 heures. Couvrir pendant la première heure de cuisson.

Servir avec du riz et des brocolis.

6 personnes

Le porc

Côtelettes de porc braisées
(Costolette di maiale arostiti)

16 côtelettes de porc de ³/4 de pouce (2 cm) d'épaisseur
¹/8 de c. à thé de fenouil
2 c. à thé de sel
¹/2 c. à thé de poivre
huile d'olive ou végétale
1 gousse d'ail hachée
¹/2 tasse d'eau bouillante

Enlever le gras du porc. Assaisonner de fenouil, de sel et de poivre.

Chauffer de l'huile dans un poêlon et y ajouter les côtelettes de porc. Faire dorer à feu élevé.

Enlever le surplus de gras et ajouter l'eau. Couvrir.

Cuire à feu doux pendant 30 minutes.

Servir avec des épinards à l'huile d'olive.

6 personnes

Côtelettes de porc maison

(Costolette di maiale di casa)

8 côtelettes de porc de ¾ de pouce (2 cm) d'épaisseur
1 ½ c. à thé de sel
½ c. à thé de poivre
3 tranches de bacon coupées en dés
1 oignon
1 tasse de carottes tranchées minces
1 c. à table de farine
1 ½ tasse de vin blanc
1 feuille de laurier
1 chou de 3 lbs (1,35 kg)
croûtons de pain

Saler, poivrer et trancher le porc. Mettre de côté. Dans une casserole, faire dorer légèrement le bacon. Puis enlever la moitié du gras, ajouter l'oignon et les carottes tranchées et cuire durant 5 minutes. Tremper les tranches de porc dans de la farine puis les faire dorer des deux côtés.

Lorsque le porc est bien cuit, ajouter le vin et la feuille de laurier. Couvrir et cuire à feu doux durant 75 minutes.

Couper le chou en 8 portions et faire bouillir dans de l'eau salée durant 5 minutes. Une fois cuit, l'égoutter.

Ajouter le chou dans la casserole au dernier quart d'heure de cuisson du porc et couvrir.

Cuire pendant 30 minutes et parsemer de croûtons de pain.

Servir avec des linguine arrosées d'huile d'olive.

6 personnes

Rôti de porc romarin

(Arrosta di maiale)

8 lbs (3,63 kg) de longe de porc
3 gousses d'ail
½ c. à thé de romarin
2 ½ c. à thé de sel
¾ de c. à thé de poivre
2 tasses d'eau

Enlever le gras du porc et faire des incisions sur le porc.

Hacher l'ail et mélanger au romarin. Mettre ce mélange dans les diverses incisions sur le porc.

Frotter le porc avec du sel et du poivre. Le placer dans une rôtissoire et ajouter 2 tasses d'eau.

Cuire au four à 350°F (175°C) durant 3 heures. Lorsque le porc est doré, arroser toutes les demi-heures avec son jus.

Le porc sera cuit lorsqu'il sera tendre.

Servir chaud ou froid avec des pommes de terre.

6 personnes

Saucisses de porc maison
(Salsiccie di maiale)

¹/₂ tasse de mie de pain
¹/₄ tasse de fenouil
¹/₄ tasse de persil
4 lbs (1,80 kg) de porc haché dans l'épaule
¹/₄ de tasse d'eau
sel et poivre
tripes de porc

Ajouter la mie de pain, le fenouil et le persil au porc haché et bien mélanger. Puis ajouter ¹/₄ de tasse d'eau, le sel et le poivre. Bien mélanger.

Bien laver les tripes à l'intérieur et à l'extérieur, puis en placer une sur un entonnoir spécialement conçu pour la fabrication des saucisses maison.

Pousser la viande dans l'entonnoir avec le pouce. Remplir l'entonnoir jusqu'à ce que la tripe soit remplie de viande sur une longueur d'environ 15 pouces (40 cm). Au cours de cette opération, veiller à toujours piquer la tripe avec une aiguille pour éviter qu'elle éclate. Bien égaliser la viande pour qu'elle soit répartie uniformément dans la tripe. Voir aussi à ce que la tripe ne soit pas trop bourrée (maximum: 1 ¹/₂ pouce [4 cm] de diamètre).

Une fois la tripe bien égalisée, faire un petit espace tous les 5 pouces (12 cm) en pressant sur la tripe et tourner ensuite celle-ci plusieurs fois. On obtient ainsi 3 saucisses. Ne pas couper.

→

Saucisses de porc maison

Faire sécher les saucisses 1 ou 2 heures avant de les faire dorer uniformément à feu moyen. Lorsqu'elles sont dorées, ajouter 3 c. à soupe d'eau et laisser mijoter lentement durant 20 minutes à feu doux et couvrir.

Si vous voulez ajouter quelques saucisses à votre sauce à spaghetti, il faut les mettre à la dernière heure de cuisson de la sauce tomate.

Les saucisses de porc peuvent aussi constituer à elles seules un délicieux repas. Servir avec des pommes de terre au four et des épinards bouillis sur lesquels on verse de l'huile d'olive.

8 personnes

Le veau

Cervelles de veau
(Cervelli di vitello)

1 lb (450 g) de cervelles de veau
1 c. à table de vinaigre
1 œuf battu
¼ de tasse de farine
¼ de c. à thé de sel
½ c. à thé de poivre blanc
4 c. à thé de beurre ou de margarine

Mettre les cervelles dans l'eau froide et ajouter 1 c. à table de vinaigre. Faire tremper durant 20 minutes. Enlever la fine peau à la surface de la cervelle.

Retirer les cervelles de l'eau et assécher. Couper les cervelles en deux et les faire tremper dans l'œuf battu, dans la farine, mélanger avec le sel et le poivre. Faire frire dans le beurre.

Servir deux tranches par personne.

La cervelle de veau se déguste accompagnée de ketchup italien.

4 personnes

Foie de veau au parmesan
(Fegato di vitello al parmigiano)

1 gousse d'ail
3 échalotes
persil
huile d'olive
1 lb (450 g) de foie de veau
2 c. à table de beurre fondu
2 c. à table de mie de pain
3 c. à table de parmesan râpé
sel, poivre

Couper l'ail, les échalotes et le persil. Faire revenir dans l'huile d'olive avec le foie de veau. Une fois la viande cuite, déposer le tout dans un plat allant au four. Ajouter des petits morceaux de beurre et couvrir le foie du mélange de mie de pain et de parmesan. Faire griller pendant 4 minutes des deux côtés.

Servir avec des vermicelles à l'huile d'olive et du persil.

4 personnes

Escalopes de veau aux artichauts

(Scaloppine di vitello con carciofi)

1 lb (450 g) de cœurs d'artichaut
3 c. à table de beurre
2 1/2 c. à thé de sel
12 escalopes de veau
1 œuf battu
1/2 c. à table de farine
1/4 de c. à thé de poivre
3 c. à thé d'huile d'olive
1/4 de tasse de bouillon de bœuf
1/3 de tasse de parmesan râpé

Faire sauter les artichauts dans le beurre durant 5 minutes. Assaisonner avec du sel.

Faire tremper le veau dans l'œuf battu, la farine, le poivre et le sel.

Chauffer l'huile et faire dorer le veau des deux côtés. Ajouter le bouillon de bœuf, couvrir les tranches de veau avec les artichauts et saupoudrer de fromage.

Mettre au four à 375°F (190°C) durant 10 minutes.

6 personnes

Escalopes de veau à la Sicilienne

(Scallopine di vitello di Sicilia)

½ tasse de mie de pain
1 tasse de fromage romano râpé
½ c. à thé de poudre d'ail
persil
1 pincée de sel, de poivre
3 œufs
3 c. à soupe de lait
6 escalopes

Mélanger dans un bol la mie de pain, le fromage romano râpé, la poudre d'ail, du persil finement coupé ainsi que du sel et du poivre au goût.

D'autre part, fouetter les œufs et ajouter 3 c. à soupe de lait. Bien brasser.

Tremper d'abord l'escalope dans les œufs fouettés puis dans la mixture de mie de pain. Bien recouvrir l'escalope du mélange.

Réchauffer un poêlon et verser 5 c. à soupe d'huile d'olive. Faire frire les escalopes une par une et les faire dorer de chaque côté, environ 3 à 4 minutes de cuisson de chaque côté à feu moyen-élevé. Ne pas tourner l'escalope avant qu'elle ne soit bien cuite.

→

Escalopes de veau à la Sicilienne

Mettre l'escalope cuite dans le four préchauffé pour qu'elle demeure chaude durant la cuisson des autres escalopes.

Servir avec des spaghettis ou des linguine et sauce tomate, et des brocolis.

6 personnes

Escalopes de veau proscutto

(Scallopine di vitello proscutto)

6 escalopes
³/₄ de tasse de farine blanche
huile d'olive
1 tasse de sauce tomate préalablement préparée
6 tranches de proscutto
persil
12 tranches de mozzarella
sel, poivre
¹/₂ c. à thé de poudre d'ail

Enfariner chacune des escalopes.

Faire chauffer 5 c. à soupe d'huile d'olive dans un poêlon. Faire dorer les escalopes des deux côtés à feu moyen-élevé durant environ 4 minutes.

Mettre les côtelettes cuites dans un plat de service dans lequel vous avez versé un lit de sauce tomate préalablement préparée et chauffée. Recouvrir chaque escalope d'une tranche de fromage proscutto avec une pincée de persil haché et ajouter 2 tranches de mozzarella tranché fin sur chaque escalope. Griller au four pendant 5 minutes pour faire fondre le fromage. Pour le service, ajouter ce qu'il reste de la sauce tomate dans le fond de chaque assiette servie.

Servir avec du riz et de la salade italienne.

6 personnes

Rôti de veau
(Arrosto di vitello)

fesse de veau de 5 à 6 lbs (de 2,25 à 2,70 kg)
1 c. à soupe de beurre
sel, poivre
1 c. à thé de moutarde en poudre
½ lb (225 g) de lard salé
2 oignons
1 tasse d'eau froide

Essuyer le veau avec un linge humide et laisser sécher quelques minutes. Fariner le veau et étendre 1 c. à soupe de beurre.

Mettre le veau dans une rôtissoire. Saupoudrer de sel et de poivre et étendre 1 c. à thé de moutarde en poudre sur le veau. Puis ajouter 6 tranches de lard salé sur le veau et les deux oignons tranchés. Verser 1 tasse d'eau froide dans la rôtissoire.

Mettre au four à 325°F (160°C) jusqu'à ce que le veau soit tendre.

Note: Vous pouvez parsemer de paprika des pommes de terre coupées et les mettre dans la rôtissoire à la dernière heure de cuisson. Arroser de temps à autre.

6 personnes

Les marinades

Les marinades

Les marinades que nous offrons se servent avec des viandes rouges. Le ketchup à l'italienne est particulièrement délicieux avec des tourtières maison et les omelettes du matin. La relish et les tomates vertes et piments verts marinés conviennent au steak haché.

Ketchup à l'italienne

8 tomates rouges
3 oignons (2 jaunes, 1 rouge)
3 piments rouges
3 piments verts
3 branches de céleri
1 tasse de sucre
1 tasse de vinaigre
1 c. à soupe de sel
1 c. à soupe d'épices à marinade
1 pincée de macis

Tremper les tomates dans l'eau chaude durant 1 heure. Enlever la pelure et les presser pour enlever le surplus de jus. Mettre dans un grand chaudron.

Couper les oignons, les piments, le céleri en minuscules morceaux. Mélanger le tout. Ajouter le sucre, le vinaigre, le sel. Mettre les épices à marinade dans un morceau de coton à fromage bien scellé et l'ajouter au mélange durant la cuisson.

Cuire à feu doux. Au premier bouillon, écumer. Cuisson: entre 1 ½ heure et 2 heures.

environ 2 pots

Relish maison

4 tasses de tomates vertes
3 céleris
3 oignons
3 piments rouges
3 piments verts
1 tasse de vinaigre
1 tasse de cassonade
$1/2$ c. à thé de curcuma
1 c. à thé de moutarde en poudre
sel, poivre

Tous les légumes doivent être hachés finement. Les mettre dans un grand chaudron.

Ajouter le vinaigre, la cassonade et les épices.

Cuire entre 1 heure et 1 $1/2$ heure et écumer tout au cours de la cuisson. Laisser refroidir puis verser dans des pots préalablement ébouillantés. Bien sceller les pots.

La relish peut accompagner tous genres de viandes rouges.

environ 3 pots

Tomates vertes
et piments verts marinés
(Pomodori peperoni marinata)

tomates vertes (quantité désirée)
piments verts (quantité au goût)
sel
fenouil vert frais
huile d'olive

    Laver les légumes. Ébouillanter les pots dans lesquels vous déposez les légumes. À chaque légume mis en pot, ajouter une pincée de sel, et couvrir d'huile d'olive.

    Une fois le pot rempli de légumes, rouler une feuille de fenouil et la mettre dans le pot avant de le fermer. Bien sceller pour conserver.

Le pain

Le pain

Pour bien réussir le pain, il faut prendre le temps de laisser lever la pâte trois fois et éviter tout courant d'air durant la levée.

Si vous avez fait votre pâte à pain, il sera très facile d'essayer notre délicieux pain aux épinards, qui est une façon toute spéciale de servir le pain durant un repas ou un buffet. Il est idéal comme plat d'accompagnement durant le temps des fêtes.

Pain maison

(Pane)

1 enveloppe de levure
1 c. à soupe de sucre
1/2 tasse d'eau tiède (pour la levure)
4 tasses de farine
1 c. à thé de sel
1 tasse d'eau tiède
1 œuf
1/2 tasse d'huile végétale
1 c. à soupe de beurre

Verser l'enveloppe de levure et 1 c. à soupe de sucre dans 1/2 tasse d'eau tiède et mettre à l'abri des courants d'air durant 10 minutes.

Verser 4 tasses de farine dans un grand bol, ajouter 1 c. à thé de sel et bien mélanger. Faire un trou au centre de la farine et y verser la levure, 1 tasse d'eau tiède, l'œuf, 1/2 tasse d'huile végétale et 1 c. à soupe de beurre. Bien pétrir la pâte. Si la pâte est trop collante, y ajouter un peu de farine et continuer de pétrir pendant 10 minutes.

Une fois la pâte bien pétrie, la badigeonner d'un peu d'huile. Couvrir le bol d'un linge épais et le placer à l'abri des courants d'air. Laisser lever la pâte durant 45 minutes.

Pétrir à nouveau la pâte en la renfonçant avec les poings. La tourner de côté. La faire lever une deuxième fois en la couvrant pendant 1 heure.

→

Pain maison

Une fois la pâte levée, la pétrir un peu avant de la couper. Si l'on désire faire de gros pains, couper la pâte en trois morceaux pour leur donner la forme adéquate.

Pour faire les petits pains, on coupe la pâte à environ tous les 2 pouces (5 cm) et on roule les morceaux de pâte sur la table pour faire des boules.

Placer les boules de pâte dans une grande assiette d'aluminium graissée ou dans des moules à pain.

Faire lever les boules de pâte en prenant soin encore une fois de couvrir l'assiette d'aluminium d'un linge épais. Une fois la pâte levée, mettre au four à 350°F (175°C) durant 20 minutes.

Lorsque le pain est cuit, éteindre le four. Ne pas sortir les pains immédiatement. Laisser reposer de 10 à 15 minutes. Sortir du four et laisser refroidir en prenant soin de décoller le fond des petits pains de l'assiette d'aluminium. Si les petits pains sont dans des moules, renverser le contenant et placer les pains sur une surface grillagée.

Note: Pour bien réussir la pâte à pain, il faut toujours couvrir la pâte d'un linge et ajouter par-dessus ce linge une couverture ou un linge très épais. Éviter tout courant d'air! Aussi, ne jamais mettre la pâte au four avant qu'elle n'ait levé au double et surtout s'assurer de réchauffer le four avant d'y mettre la pâte.

2 douzaines de petits pains ou 3 grands pains

Pain aux épinards

(Pane al spinaci)

Pour cette recette, il faut d'abord faire la pâte à pain tel qu'indiqué à la recette précédente.

pâte à pain
2 sacs d'épinards
1 petite chicorée et/ou des pissenlits* (quantité au goût)
3 gousses d'ail
sel, poivre
origan
2 c. à soupe d'huile d'olive
fromage romano ou mozzarella râpé
une pincée de poudre de chili

Cuire les épinards, la chicorée et les pissenlits. Une fois cuits, les presser pour en extraire l'eau complètement. (Cela est très important.) Couper finement.

Couper l'ail finement. Mélanger aux épinards. Ajouter le sel, le poivre, l'origan (quantité au goût) et la poudre de chili ainsi que 3 c. à soupe d'huile d'olive et des petits morceaux de fromage râpé. Mélanger.

Farcir le pain d'épinards se fait avant la troisième levée de la pâte. Celle-ci doit donc avoir levé deux fois.

———→

* Les pissenlits se vendent dans plusieurs épiceries. Avant de les cuire, arracher les feuilles puis les laver et les couper en deux. Faire bouillir dans de l'eau avec une pincée de sel. La cuisson est un peu plus longue que pour les épinards.

Pain aux épinards

À la deuxième levée, pétrir la pâte puis l'étendre comme une tarte. Mettre le mélange de légumes au centre puis rouler la pâte sur les épinards. Fermer les extrémités des côtés de la pâte. Couvrir d'un linge épais et faire lever au double avant de mettre au four à 375°F (190°C). Il est important de bien placer le pain au centre du four pour sa cuisson.

Note: Au mélange d'épinards, on peut ajouter des morceaux d'olives noires, des piments rouges ou verts coupés finement ainsi que de petits morceaux de salami.

3 pains d'environ 10 pouces [25 cm]

Pain à l'ail

(Pane aglio)

1 gros pain croûté
1/4 de tasse de beurre fondu
1/4 de tasse d'huile d'olive
3 ou 4 gousses d'ail
persil (quantité au goût)
sel, poivre

Couper le pain croûté en deux à l'horizontale. Couper à nouveau les deux morceaux à l'horizontale.

Mélanger le beurre fondu, l'huile d'olive, l'ail finement coupé, le persil, le sel et le poivre. Étendre sur la surface des quatre tranches de pain. Disposer les tranches l'une sur l'autre et couvrir de papier d'aluminium. Mettre au four pendant environ 30 minutes à 300°F (150°C).

Pain à la farine de son

(Pane di grano)

2 enveloppes de levure
1 tasse d'eau tiède
2 c. à thé de sucre
2 tasses de farine de blé entier
1 tasse de farine de sarrasin
2 c. à thé de sel
1 tasse de miel
1 tasse de mélasse
3 œufs
1/2 tasse d'huile végétale

Verser la levure dans 1 tasse d'eau tiède et ajouter 2 c. à thé de sucre. Couvrir. Faire lever durant 10 minutes à l'abri des courants d'air.

Dans un grand bol, mélanger 2 tasses de farine de blé entier avec 1 tasse de farine de sarrasin et 2 c. à thé de sel. Faire un trou au centre et y verser la levure, le miel, la mélasse. Battre les œufs et les ajouter au mélange avec 1/2 tasse d'huile végétale. Pétrir la pâte. Si la pâte est trop collante, ajouter un peu de farine.

Une fois prête, la badigeonner d'un peu d'huile végétale. Couvrir d'un linge épais. Faire lever durant 1 heure. Pétrir à nouveau en enfonçant les poings dans la pâte. Faire lever pendant 1 heure encore en couvrant toujours d'un linge épais.

Une fois la pâte levée, la pétrir un peu et la mettre dans un moule ou lui donner la forme désirée.

Faire lever une dernière fois avant de mettre au four à 350°F (175°C) durant environ 20 minutes.

3 pains d'environ 10 pouces [25 cm]

Pain de Pâques

(Pane di pasqua)

12 œufs bouillis à la coque
1 enveloppe de levure
1 tasse d'eau tiède
½ tasse de sucre
3 tasses de farine
1 c. à dessert de sel
3 œufs (pour la farine)
5 c. à dessert d'huile d'olive

Faire d'abord bouillir les 12 œufs dans leur coquille pendant 30 minutes.

Vider l'enveloppe de levure dans 1 tasse d'eau tiède avec 1 c. à thé de sucre. Laisser reposer 45 minutes.

Dans un grand bol, mélanger la farine et le sel. Faire un creux au centre et ajouter 3 œufs, la levure, ½ tasse de sucre et 5 c. à dessert d'huile d'olive. Bien mélanger.

Pétrir la pâte et ajouter de la farine au besoin pour éviter que la pâte soit collante.

Une fois la pâte bien pétrie, la couper en deux. Saupoudrer de farine le morceau de pâte et la planche à pain. Rouler la pâte jusqu'à ce qu'elle ait 2 pouces (5 cm) de largeur. La plier en deux et faire une tresse en ajoutant 1 œuf bouilli dans sa coquille à chaque croisé (une tresse prendra 6 œufs). Refermer les deux extrémités du pain pour faire une couronne. Répéter avec l'autre morceau de pâte.

→

Pain de Pâques

Huiler une lèchefrite et déposer les deux couronnes. Bien couvrir pour faire lever la pâte (environ 20 minutes).

Réchauffer le four à 375°F (190°C) puis baisser à 350°F (175°C) pour la cuisson des pains. Sortir du four lorsqu'ils sont dorés (environ 30 minutes).

2 pains tressés

Les brunches

Les brunches

Pour les brunches, nous vous suggérons des recettes uniques et faciles à préparer.

L'omelette ricotta peut être servie avec une salade bocconcini et du ketchup italien.

La tarte caciotta peut se servir avec des viandes froides, une salade italienne ou de pois chiches.

En Sicile, les crêpes aux anchois sont bien appréciées, en particulier au mois de mars, à l'occasion de la fête de saint Joseph. Elles sont délicieuses accompagnées d'un vin mousseux.

Omelette ricotta

(Omeletta ricotta)

5 œufs
9 oz (250 g) de ricotta
3½ oz (100 g) de parmesan ou romano râpé
9 oz (250 g) de mozzarella râpé
7 oz (200 ml) de lait
basilic (quantité au goût)
sel, poivre
persil

Dans un grand bol, mélanger les œufs, le ricotta, le parmesan avec la moitié du mozzarella, le lait, du basilic, du sel et du poivre. Bien mélanger pour obtenir une pâte lisse.

Mettre le mélange dans une assiette de quiche (grandeur idéale: 10 pouces [25 cm] de diamètre ou plus) prégraissée. Chauffer le four à 350°F (175°C). Une fois réchauffé, mettre le mélange au four pendant 30 minutes.

Sortir du four et parsemer l'omelette du reste du mozzarella râpé. Faire gratiner au four de 5 à 10 minutes. Bien surveiller pour éviter que l'omelette ne brûle.

Servir en versant du persil sur l'omelette. Accompagner l'omelette de tomates, salade ou légumes verts.

Délicieux avec du ketchup à l'italienne.

6 à 8 personnes

Polenta au fromage
(Polenta al fromaggio)

Nous avons placé cette recette dans la section des desserts mais le polenta se mange aussi comme repas en Italie. Nous en donnons donc deux versions: le polenta au fromage et le polenta nature. Le second est plus sucré et moins lourd.

4 tasses d'eau
1 ½ c. à thé de sel
1 tasse de farine de maïs
6 c. à table de beurre ou d'huile végétale
fromage râpé (parmesan, cheddar ou suisse)
noix de Grenoble

Faire bouillir l'eau avec le sel. Ajouter graduellement la farine de maïs en brassant. Cuire à feu doux durant 2 minutes. Étendre dans un plat beurré. Verser une rangée de farine de maïs puis une rangée de fromage râpé. Répéter en alternant farine de maïs et fromage. Terminer par une rangée de noix. Mettre au four à 375°F (190°C) durant 15 minutes.

4 personnes

Polenta nature

1 tasse d'eau
1 pincée de sel
1 tasse de farine de maïs
1 œuf
$1/2$ c. à thé de vanille ou de cannelle
2 tasses de lait
$1/4$ de tasse de sucre blanc

Faire bouillir 1 tasse d'eau avec 1 pincée de sel. Ajouter 1 tasse de farine de maïs. Cuire à feu moyen en brassant durant 20 minutes. Retirer du feu.

Battre 1 œuf et ajouter à celui-ci $1/2$ c. à thé de vanille ou de cannelle, 2 tasses de lait et $1/4$ de tasse de sucre blanc. Mélanger. Verser ce mélange sur le polenta et brasser. Mettre au four à 325°F (160°C) de 15 à 20 minutes.

Servir avec de la crème de table.

Tarte caciotta

(Torta caciotta)

8 oz (225 g) de fromage caciotta
1 fond de tarte aux biscuits Graham non cuits
2 jaunes d'œufs
2 ½ c. à table de farine
1 tasse de lait
noix de muscade râpé, au goût
poivre
2 blancs d'œufs

Trancher le fromage caciotta en tranches minces et les disposer au fond de la tarte. Battre les jaunes d'œufs puis ajouter la farine, le lait, de la noix de muscade et du poivre. Bien mélanger.

Battre en neige les blancs d'œufs et les incorporer au mélange. Battre à nouveau. Verser le mélange sur le fromage et parsemer le tout de noix de muscade.

Cuire à 350°F (175°C) durant 40 minutes ou jusqu'à ce que le mélange soit ferme.

Délicieux avec le ketchup à l'italienne.

Crêpes au fromage
(Crespelle al fromaggio)

Mélange au fromage

½ lb (225 g) de fromage cottage
½ lb (225 g) de ricotta
2 pincées de sel
1 c. à soupe de margarine
¼ de tasse de sucre
1 c. à soupe de crème de table
2 jaunes d'œufs
cannelle (au goût)
1 goutte de vanille

     Mélanger les fromages. Ajouter 1 pincée de sel et 1 c. à soupe de margarine. Brasser.
     Ajouter le sucre, la crème et les jaunes d'œufs.
     Battre les blancs d'œufs en neige avec 1 pincée de sel. Les ajouter au mélange avec un peu de cannelle et 1 goutte de vanille. Bien mélanger.

Crêpes

1 tasse de farine
1 c. à thé de poudre à pâte
½ tasse de sucre
1 c. à soupe de beurre
1 œuf
1 tasse de lait
crème sûre

→

Crêpes au fromage

Mélanger la farine avec la poudre à pâte. Mélanger le sucre avec le beurre et ajouter l'œuf. Bien mélanger. Ajouter le lait graduellement. Verser la farine dans le mélange en brassant jusqu'à ce que la pâte soit veloutée.

Verser 1 c. à soupe du mélange dans la poêle. Lever la poêle pour étendre davantage la crêpe.

Lorsque la crêpe est cuite, mettre à l'intérieur 1 c. à soupe du mélange au fromage et rouler la crêpe. Mettre la crêpe au four à 150°F (65°C) avec un morceau de beurre durant 15 minutes. Servir avec de la crème sûre.

1 douzaine

Crêpes Saint-Joseph aux anchois

(Crespelle di St-Gioseppe)

2 enveloppes de levure
3 ½ tasses d'eau tiède
1 c. à thé de sucre
½ c. à thé de sel
4 tasses de farine
1 œuf
1 boîte de 100 gr d'anchois
huile végétale

Délayer la levure avec 1 tasse d'eau tiède et 1 c. à thé de sucre (ne pas brasser). Laisser reposer durant 10 minutes.

Mettre ½ c. à thé de sel dans la farine. Mélanger et faire un creux. Verser la levure au centre avec 2 ½ tasses d'eau tiède. Ajouter 1 œuf et bien mélanger. Lorsque la farine a la texture de la crêpe, mettre de côté en couvrant pour faire lever. Une fois la pâte levée, brasser et faire lever une seconde fois. (Couvrir le bol d'un linge épais pour que la pâte soit à l'abri des courants d'air.)

Pour la cuisson, on prend 1 c. à soupe de la pâte à crêpes et on y ajoute quelques anchois en prenant soin de les recouvrir de la pâte à crêpes. Ensuite, on verse la pâte dans une poêle contenant environ 2 pouces (5 cm) d'huile végétale. Faire cuire la crêpe des deux côtés.

→

Crêpes Saint-Joseph aux anchois

Une fois la crêpe cuite, la dégraisser avec du papier éponge.

On peut manger la crêpe chaude ou froide.

Servir avec une salade verte.

Note: Si l'on n'aime pas les anchois, on peut utiliser du thon ou du fromage ricotta.

environ 2 douzaines

Les desserts

Les desserts

La plupart de nos desserts sont faciles à préparer. Ceux qui demandent une attention plus particulière lors de la préparation sont les pâtisseries à la crème et le soufflé du Nord. Dans les deux cas, la pâte doit bien lever pour que le dessert soit réussi.

Le délice aux fruits, les carrés expresso ainsi que la mousse express sont tout aussi agréables à faire qu'à déguster.

Gâteau ricotta et noisettes

(Dolce ricotta e nocciole)

1 c. à table de beurre
5 jaunes d'œufs
2 1/2 tasses de sucre
1 c. à table de vanille
2 c. à table de lait
1 tasse de farine pâtissière
1 c. à table de poudre à pâte
5 blancs d'œufs
1/2 tasse de rhum
1 1/2 lb (680 g) de ricotta
2 carrés de chocolat non sucré râpé
1/4 de tasse de noisettes hachées
1 tasse de crème 35 %
amandes hachées
1/4 de lb (115 g) de pelure de citron confit

Mélanger le beurre avec les jaunes d'œufs et 1/2 tasse de sucre jusqu'à l'obtention d'une crème. Ajouter la vanille, le lait, puis la farine et la poudre à pâte. Bien mélanger.

Fouetter les blancs d'œufs en neige puis les ajouter graduellement au mélange en brassant de bas en haut.

Cuire à 350°F (175°C) durant 20 minutes dans 3 moules à gâteau graissés. Refroidir. Sortir des moules et badigeonner de rhum.

Gâteau ricotta et noisettes

Préparer le glaçage en mélangeant 2 tasses de sucre avec le ricotta puis ajouter le chocolat râpé et les noisettes.

Étendre le glaçage sur la surface de chaque morceau de gâteau. Placer les morceaux l'un sur l'autre et couvrir le tout avec de la crème fouettée. Saupoudrer le gâteau avec des amandes hachées et la pelure de citron confit.

Pâtisseries à la crème

(Pastiera alla crema)

1 c. à soupe de beurre
1 tasse d'eau
1 tasse de farine
1 c. à thé de poudre à pâte
4 œufs
1 tasse de crème à fouetter
sucre en poudre
1/2 c. à soupe de vanille

Mettre le beurre dans 1 tasse d'eau et faire bouillir.

Préparer 1 tasse de farine mélangée à 1 c. à thé de poudre à pâte. Lorsque l'eau bout, ajouter la farine. Brasser jusqu'à ce que la pâte devienne consistante. Enlever du feu et laisser refroidir.

Casser les œufs un par un dans la pâte refroidie. Mélanger jusqu'à ce que la pâte devienne molle.

Réchauffer le four à 350°F (175°C).

Remplir une lèchefrite de plusieurs c. à soupe de pâte de manière à ce que la pâte ait la forme d'un chou. Mettre au four à 350°F pendant 30 minutes. Ne jamais ouvrir le four durant la cuisson.

Piquer les choux avec une grande aiguille pour permettre à la pâte de cuire à l'intérieur, puis fermer le four et laisser reposer durant 10 minutes.

Sortir ensuite du four et laisser refroidir.

→

Pâtisseries à la crème

Ajouter à la crème, pour fouetter, 1 c. à soupe de sucre en poudre et ½ c. à soupe de vanille. Fouetter.

Couper les choux en deux et mettre 1 c. à soupe de crème fouettée à l'intérieur.

Saupoudrer les choux de sucre en poudre.

2 douzaines

Biscottes de Milan

(Biscotti di Milano)

½ lb (225 g) de graisse végétale
1 ½ c. à thé de poudre à pâte
1 c. à thé de poudre d'ammoniaque
3 tasses de farine
6 œufs
1 tasse de sucre
1 c. à thé de vanille

Faire fondre la graisse végétale, puis la laisser refroidir.

Dans un grand bol, mélanger la poudre à pâte et la poudre d'ammoniaque à la farine. Faire un creux et ajouter la graisse refroidie. Ajouter les œufs battus, le sucre et la vanille. Brasser pour obtenir une pâte consistante.

Prendre 1 c. à table du mélange et déposer dans une lèchefrite en lui donnant une forme allongée (doigts de dame).

Mettre au four à 400°F (205°C) pendant 30 minutes.

environ 2 douzaines

Biscuits siciliens
(Guanti)

1 ¼ tasse de farine
1 pincée de sel
3 œufs
2 tasses d'huile végétale
sucre à glacer

Dans un grand bol, bien mélanger la farine avec le sel et les œufs.

Étendre la pâte avec un rouleau à pâte (mettre de la farine sur le rouleau et sur la pâte pour qu'elle s'étende sans coller).

Créer la forme d'un carré avec la pâte. Ensuite, avec un couteau, couper la pâte en faisant trois lignes au centre (laisser 1 pouce de rebord aux extrémités du carré).

Ramener vers le centre les deux lignes de pâte et les rabattre l'une par-dessus l'autre comme si l'on faisait une tresse.

Dans un chaudron, faire chauffer 2 tasses d'huile végétale. Lorsque l'huile est bouillante, y jeter quelques carrés de pâte. Une fois la pâte dorée, l'étendre sur un linge pour la laisser égoutter.

Quand tous les biscuits sont prêts, les mettre dans un grand bol et les saupoudrer de sucre à glacer.

environ 1 douzaine

Soufflé du Nord aux framboises

(Soffiato con lampone)

5 casseaux de framboises
1 c. à table de miel
1 c. à table de sucre
1 lb (450 g) de fromage ricotta
1/3 de tasse de sucre à fruits
4 œufs
3 c. à table de chapelure
6 c. à thé de farine
3/4 de c. à thé d'essence d'amande
1/2 tasse d'amandes hachées

Laver les framboises puis verser dans un bol avec le miel et 1 c. à table de sucre. Réfrigérer. Réchauffer le four à 375°F (190°C). Graisser un plat à soufflé (un plat en porcelaine de 8 pouces [20 cm]). Verser du sucre et secouer le plat pour enlever le surplus de sucre. Mettre de côté.

Dans un grand bol, mélanger le fromage, le sucre à fruits, 3 œufs et 1 jaune d'œuf (garder le blanc de l'œuf), la chapelure, la farine, l'essence d'amande, et battre à la mixette jusqu'à l'obtention d'un parfait mélange. Battre en neige le blanc d'œuf restant et l'incorporer au mélange. Verser dans le plat à soufflé et mettre

Soufflé du Nord aux framboises

au four pendant 40 à 45 minutes ou jusqu'à ce que le soufflé soit bruni. Sortir du four et refroidir durant 3 minutes jusqu'à ce que le soufflé se détache des côtés du plat. Défaire avec un couteau puis renverser sur un plat de service. Répandre les amandes et un peu de sucre à fruits. Garnir le dessus de chaque morceau servi avec les framboises.

Mousse express

(Mozzo espresso)

1 sachet de gélatine aromatisée aux fraises ou aux framboises
1 tasse de crème 35 %
1 tasse de fraises ou de framboises fraîches

Préparer le gélatine aromatisée tel qu'indiqué sur le sachet. Bien mélanger et mettre au froid pendant environ 30 minutes ou jusqu'à ce quelle soit figée à moitié.

Fouetter la crème. Mettre une petite quantité de crème de côté et intégrer le reste dans la gélatine en brassant. Prendre la moitié des fruits et ajouter à la préparation. Remettre au froid pendant 1 heure, préférablement dans des coupes individuelles.

Servir avec de la crème fouettée et des fruits autour des coupes.

Blanc-manger
(Bianco mangiare)

4 tasses de lait
2 c. à soupe de sucre
3 c. à thé de fécule de maïs
1/4 de tasse d'eau froide
2 œufs
1/2 c. à thé de vanille

Faire bouillir le lait avec 2 c. à soupe de sucre. Délayer 3 c. à thé de fécule de maïs dans 1/4 de tasse d'eau froide et verser dans le lait bouilli. Enlever du feu lorsque le lait est épaissi. Laisser tiédir puis ajouter les deux jaunes d'œufs battus et 1/2 c. à thé de vanille. Brasser. Battre ensuite les blancs d'œufs et verser sur le mélange. Brasser le tout puis mettre dans de petits plats. Réfrigérer avant de servir.

4 personnes

Délice aux fruits

(Delizia di frutti)

2 ½ tasses de farine
½ c. à table de sel
1 ½ c. à table de poudre à pâte
⅓ de tasse de beurre
½ tasse de noix hachées
¼ de tasse de cerises hachées
¼ de tasse de pelure d'orange confite
2 œufs battus
¼ de tasse de miel
1 c. à table d'eau
2 c. à table de colorant alimentaire

Tamiser puis mélanger la farine avec le sel et la poudre à pâte. Ajouter de petits morceaux de beurre, les noix et les fruits. Bien mélanger. Étendre le mélange dans une lèchefrite à ½ pouce d'épaisseur.

Battre les œufs et ajouter le miel (sauf 1 c. à table) et l'eau. Bien mélanger la pâte aux fruits puis badigeonner. Verser ce qu'il reste de miel et saupoudrer le tout de colorant alimentaire. Cuire à 325°F (160°C) pendant 15 minutes. Couper chaud puis laisser refroidir avant de servir.

Carré expresso
(Quadrato espresso)

4 jaunes d'œufs
$^1/_2$ tasse de café expresso infusé
$^3/_4$ de tasse de sucre
1 tasse de crème 35 %
4 c. à table de rhum

Mélanger les jaunes d'œufs, le café et le sucre. Faire chauffer sous l'eau bouillante jusqu'à ce que le mélange devienne épais. Laisser refroidir puis réfrigérer.

Fouetter la crème 35 % et ajouter le rhum. Incorporer graduellement le mélange à la crème fouettée puis verser dans un moule. Congeler jusqu'à l'obtention d'une texture ferme.

Fantaisie de marrons
(Fantasia di marroni)

1 ¹/₄ lb (567 g) de marrons
¹/₂ tasse de lait
¹/₄ de c. à table de vanille
5 c. à table de sucre en poudre
1 tasse de crème fouettée

 Éplucher les marrons puis les faire bouillir pendant 15 minutes. Égoutter. Faire chauffer les marrons dans un chaudron avec le lait et la vanille. Brasser puis piler pour obtenir une texture lisse. Ajouter le sucre en poudre. Brasser. Retirer du feu et mettre la purée de marrons dans un sac à crémage. Faire des cercles puis couvrir de crème fouettée.

Suggestions de menus

Voici quelques suggestions de menus complets si vous voulez recevoir et manger à la sicilienne.

Aubergine marinée
ou
Épinards à l'huile d'olive

Gnocchi
Boulettes de bœuf et porc
Vin rouge
Salade italienne

Pâtisseries à la crème
ou
Biscuits siciliens

Artichauts farcis

Morue à la sauce tomate
Salade italienne

Coupe de fruits
Biscottes de Milan

Suggestions de menus

Soupe minestrone

Tortellini et gnocchi au
gorgonzola
Pain aux épinards
Vin blanc

Fantaisie de marrons

Pâtes et fèves romaines

Bœuf farci
Linguine à l'ail
Zucchini avec huile d'olive
Vin blanc ou rouge

Carré expresso
ou
Délice aux fruits

Suggestions de menus

Entrée italienne

Agneau à la sauce aux œufs
Vermicelles à l'ail
Vin blanc

Gâteau ricotta aux noisettes

Remerciements

Je remercie tous ceux qui ont encouragé la publication des recettes de ma grand-mère et je tiens tout particulièrement à remercier Peter Faucher, Celia Sergi Blinn, Jo-ann, Jean et Jeannine Sergi pour leur collaboration.

Christina Sergi.

Notes

Notes

Notes

Notes

Notes

Notes

Notes

Notes

Achevé Imprimerie
d'imprimer Gagné Ltée
au Canada Louiseville